CH. GUIBIER

HUIT JOURS

A NANKIN.....

ET LE VOYAGE

HANOI-HAIPHONG

Imprimerie d'Extrême-Orient

—

1922

HUIT JOURS A NANKIN.....

ET LE VOYAGE

Nankin, tissus, porcelaines, ô les romans de Balzac où toujours les personnages en été arborent un pantalon, souvent même un gilet de nankin, je vais donc enfin te connaître, vieille capitale de la Chine qui fis rêver mon enfance et peut-être aussi Pékin si j'ai le temps de Pukau, par le *Caucase*. Le Caucase, l'Iran, l'Inde, le Thibet, ce Céleste Empire ! Refaire avec Marco Polo dans l'ombre de l'histoire le chemin aventureux de la légende ! En imagination sans peine ; mais en réalité l'Elbrouz et le Kasbeck, loin d'ici, demeurent géographiquement à mille lieues de l'Himalaya. Le *Caucase* par où je vais à Nankin n'est qu'un bateau venu de France à Saigon avec 1.200 Chinois ouvriers et coolies rapatriés de la grande guerre et qui me happe au passage comme un pêcheur prend dans un coup de filet un poisson ébloui sur la grève.

D'abord le déroulement des rives du fleuve dans la lumière. La ville tourne follement sur elle-même au gré des méandres jusqu'à s'évanouir. Des rizières à perte de vue, un océan végétal où serpente un ruban d'eau limoneuse. Buffles au paturage. paysans au labour. Nulle autre limite à la plaine que l'étendue du regard qui l'étreint. A l'horizon la zone forestière trace une ligne d'ombre bleue. Midi. L'atmosphère rayonne et brûle. Une vibration universelle anime les choses, noie les arêtes et les contours. Le torrent lumineux qui se déverse du ciel y remonte dans la circulation infinie des reflets. Sur une nappe de métal en fusion le navire glisse sans se fondre dans le feu. Une accablante monotonie accompagne le défilé des rives. Aux rizières semées de hameaux, de villages, succèdent les palétuviers, arbres inachevés d'un sol amorphe, d'un terrain marécageux inconsistant qui lentement se constitue. Leurs racines en éventail plongent dans la vase miroitante que le flot lourd d'alluvions avec la marée descendante découvre. Puis de nouveau les cultures remplissent le paysage. Des montagnes se profilent. Le fleuve sinueux se redresse, s'élargit et, par un vaste estuaire, dirige ses eaux calmes, déjà clarifiées, vers les abîmes purifiants de la mer.

Promontoires abrupts, rochers, falaises, baies et plages alternées souriantes, dans la douceur nuancée du soir la Côte d'Annam avive son relief et ses couleurs avant de s'effacer dans la nuit où seul l'éclat intermittent de ses phares révèle sa présence. L'aube du lendemain l'illumine encore au moment qu'elle va disparaître. Plus rien ne demeure bientôt du visage de la terre dans ce cercle d'azur indéfiniment renonvelé et toujours cependant semblable à lui-même. Le regard se lasserait de l'embrasser, la pensée d'y retenir l'intelligence si l'orbe sans cesse transposé au mouvement du navire ne donnait l'illusion de dépasser avec lui l'espace où il les enferme alors qu'ils croient s'affranchir. Mais n'est-ce pas assez beau de pouvoir accorder, l'intervalle heureux d'un rêve, les brèves cadences d'une vie au rythme indéfectible de l'univers !

Sérénité des jours sans nombre sur un océan sans rivage. Calmes, égaux, pareils l'un à l'autre, ils naissent, ils passent, ils s'en vont vers la même éternité. J'ignore le chiffre qu'ils atteignent. Convient-il de calculer ce qui n'a pas de mesure, d'inscrire dans un cadre fictif ce qui ne s'arrête jamais ! Qu'importe le calendrier ! Aujourd'hui recommence hier et préfigure demain. Rien ne les différencie que l'état d'âme et l'accueil de celui qui les éprouve. Tellement qu'il souhaite de voir survenir dans l'uniformité de son bonheur un changement que son expérience de la vie devrait l'avertir de ne point désirer. Trop

peu sage pour ne pas se lasser des plus belles choses, quitte à regretter, défuntes, leurs grâces méconnues.

Des îles fleurissent l'azur dans la transparence de l'air, les «Paracels»,
récifs de corail lentement émergés par l'accumulation séculaire d'êtres
microscopiques inépuisables. Les plus récentes sont encore vierges de
verdure. Un ruban de sable éblouissant borde leurs rives. D'autres
s'ornent à leur centre d'un léger duvet, joyau serti par les flots d'un
cercle d'émeraude. Sur la plus grande un palmier se dresse au milieu
d'un bouquet de brousse arborescente. Dans combien de millions
d'années, si la terre existe encore, ce sol nouveau surgi de l'onde
verra-t-il s'élever la cité future, Utopie, la Métropole idéale et parfaite,
la ville magique de nos rêves !

Iles désertes, îles fortunées qui semblent ne connaître de la vie
que l'inconscience heureuse, à dire vrai la stupidité. D'elles pourtant
peut nous venir la dissonance brutale capable d'altérer sans merci
l'harmonie de notre voyage. Les Paracels sont sur la route des typhons,
parfois leur lieu d'origine. Mais qui présume leur violence devant tant
de calme beauté ! Nous allons vers le Détroit de Formose dans la poursuite que l'âme voudrait indéfinie d'un but qu'elle se désintéresse
d'atteindre, aux variations de l'accord immense où la mer et le ciel,
jamais las de se retrouver, à l'horizon toujours mouvant éternellement
se confondent.

Relâche imprévue dans la baie d'Amoy sur la côte de Chine. Il a fallu
s'y réfugier avec d'autres navires pour échapper au typhon qui mena-
çait de nous emporter dans sa trajectoire. La houle de plus en plus
forte, la saute brusque du vent, la baisse du baromètre, triade sympto-
matique dont nul marin ne doit négliger l'avertissement salutaire.
Le *Caucase* roule et tangue. Nos coolies, contraints de quitter leurs
campements pittoresques à l'abri de toiles et de couvertures sur les
roofs, sur les radeaux, sur les chantiers d'embarcations, regagnent à
regret le spardeck où l'air se raréfie. On serre tauds, tentes et rideaux.
On pare à tout pour le mauvais temps. Au ciel l'incendie du soir en-
flamme les cirrus échevelés, présage certain de tempête. Et l'aube
pourpre du lendemain nous surprend, après une nuit mouvementée,
à l'entrée de la baie providentielle qui s'ouvre pour nous accueillir.

Jaune, la terre de Chine, vraiment jaune, à la couleur impériale,
d'un jaune éteint toutefois, selon le deuil de la dynastie. Un collier de
collines rocheuses ou mollement ondulées ceint d'ocre et de safran pâle
la vasque d'eau boueuse striée de zônes verdâtres semi-transparentes.
La ville étage sur les versants des îles jumelles affrontées dont les rives
enferment le port, ses maisons aux toits gris dans une atmosphère de

cendre. Tout est terne, flou, cotonneux. Un simoun torride souffle en rafales et disperse de son haleine brûlante le sable pulvérulent arraché aux lointains déserts. Vers le soir il s'apaise, ralenti par ces nuages qu'il chasse, lourds de la pluie où le typhon se résoud dans un déluge Elle tombe la nuit entière et, le matin, tombe encore avec des pauses, des reprises, des arpèges, des points d'orgue, du vent, de soudains fortissimo. Puis, sans que rien l'eût fait prévoir, un calme souverain succède à la tourmente qui reprend et se prolonge dans les ténèbres jusqu'au retour de la lumière.

Un frais matin dans l'air pur rasséréné. Vive aquarelle, au départ, du paysage après la pluie et de la ville fallacieuse où nous n'avons pu descendre. Des arbres mêlent leurs touffes de feuillage aux grappes denses des maisons. Des vapeurs fument dans le port. D'autres, comme nous, prennent le large. Une jonque de haute mer appareille. Les matelots virent au cabestan puis, l'ancre à pic, larguent les voiles. La nef abat sur tribord ; l'ancre dérape ; on oriente la voilure et la belle jonque aventureuse en partance, avec son chateau de poupe historié, sa coque peinte de dragons, à la proue deux yeux vigilants, dans sa forme élégante et robuste superbe d'allure, évoque les hardis périples inconnus des antiques caravelles.

Beau temps, mer glauque, jolie brise dans le détroit de Formose. Le navire glisse sur une moire opalescente qui s'irise au mouvement de l'onde, aux caresses de la clarté. La côte de Chine, à l'abri de ces îles innombrables déploie ses paisibles travaux. Renaissance édenique d'un monde qui semblait devoir disparaître. Telle dut surgir, virginale et lointaine, la terre, des cataclysmes anciens de son histoire. Voici la Mer Orientale céruléenne et limpide. Et voici la Mer Jaune à l'eau boueuse salie par les apports du grand fleuve, le Yang-tsé-kiang, venu des profondeurs insoupçonnées du Céleste Empire.

Le Yang-tsé-kiang, le Fleuve Bleu, quelle nuance insaisissable du saphir, du lapis, de l'aigue-marine, les Chimériques Chinois, un jour d'optique spécieuse, ont-ils pu déceler dans le flot limoneux qui s'épanche en ce vaste estuaire ? Il fallait la vertu d'illusion volontaire d'un peuple foncièrement positif pour prêter à cet ocre d'argile la couleur sentimentale apaisante de l'espace, du ciel, des fonds de tableau du Vinci. A moins qu'en telle partie de son cours antérieur, sur un lit de rochers descendus des montagnes, le Yang-tsé ne la reflète au pur miroir de ses eaux. Tout est possible dans un pays de contrastes excessifs où les antiphrases les plus folles se justifient par le caprice des météores, la soudaineté de leur apparition. Et s'il plut à quelque poête de l'Empire du Milieu d'azurer ce jaune réel au bleu

idéal de sa fantaisie, est-ce au diable d'étranger que je suis de prétendre substituer ma vision à la sienne sous prétexte d'exactitude ! Dieu
me garde d'oublier qu'à l'ombre de Confucius et de Lao-tseu la poli-
tesse interdit les démentis catégoriques, les contradictions blessantes.
Tout se borne à savoir sourire. Et bien que le Yang-tsé soit jaune,
je le dirai du plus beau bleu, selon les rites, les symboles et les
cérémonies.

Nos Chinois ignorent ces subtilités. Il leur suffit de sentir les appro-
ches de la terre ancestrale déjà reconnue aux prémices odorants de ses
effluves lors de notre relâche en baie d'Amoy. Une exaltation unanime
les possède : sentiment de la patrie retrouvée ou cet émoi animal que
l'homme éprouve à revenir au gîte après une lointaine absence ; chez
les moins frustes quelque chose qui participe de l'un et de l'autre
joint à des rêves d'avenir, à la joie de revoir le foyer, à la vanité d'un
long voyage accompli, à quelque naïf orgueil national peut-être. Nul
festin cependant ne célébrera le retour de ces Enfants Prodigues. Bien
qu'issus des cent Familles, la plupart n'en revendiquent aucune. En
France, des salaires fabuleux, une nourriture abondante leur tombait
du ciel. Ici la faim, la misère, le crime, la maladie les attendent. Il va
falloir recommencer la poursuite lancinante du riz quotidien, vivre au
jour le jour, assumer des besognes indignes, redevenir coolie ou s'en-
rôler à froid dans les bandes plus ou moins régulières qui dévastent
la contrée en proie à la guerre civile. La nostalgie anticipée les prend
de la pitance certaine, renforcée par la crainte obscure des famines
d'autrefois dont ils avaient perdu le souvenir. A n'écouter que son
ventre, plus d'un reviendrait en arrière. La patrie n'est-elle pas
d'abord où l'on mange et ce ventre, pour le Chinois, l'organe par excellence, puisque, outre le plaisir suprême de la plénitude qu'il procure
après un bon repas, il s'avère le siège de l'âme, de l'intelligence, du
courage, le sanctuaire et la source, l'origine et la cause, la raison ulti-
me et première de toute valeur et de toute vertu !

C'est à ses exigences aujourd'hui qu'on immole ce bœuf paisible qui
a vu successivement disparaître tous ses compagnons sous les coups
du sacrificateur, en l'espèce le boucher du bord. Rien dans ce beau
garçon bien découplé de la lourdeur brutale à laquelle semblent voués
les gens de son état. Avec la virtuosité d'un chirurgien, il débite la
bête qu'hier encore il caressait entre deux estafilades savantes sur une
autre. L'honnête ruminant répondait par un bon regard attendri à son
futur bourreau, dispensateur du fourrage et du geste qui extermine.
Un bœuf ne saurait détester celui dont il reçoit la nourriture. Ne faut-
il pas qu'il mange et qu'il rumine pour, à son tour, être mangé ? C'est

la loi. L'homme qui l'applique aux animaux la subit aussi certaine bien que métaphoriquement. Mêlée au sang de la victime ruisselant du pont sur la mer la pourpre du soir atteste le symbole de l'hécatombe incessante où la vie ne se perpétue dans l'univers qu'en fonction de la mort.

Intéressés par le spectacle nos Chinois quittent les bastingages où ils regardaient défiler les rives de la terre natale lente à les accueillir. Sans doute songent-ils devant cette viande qni saigne, plus qu'au bœuf écorché de Rembrandt, aux ripailles formidables dont elle suggère la splendeur. Dans leurs visages indifférents seul parfois révèle la pensée qui les hante ce regard où passe le regret des rations régulières qu'ils ne connaîtront plus. Le sacrifice accompli ils retournent à la contemplation d'un tableau aussi vague que l'avenir ténébreux qu'il leur propose. Puis le sommeil avec la nuit persuade les siens. Les autres restent à jacasser sous la lune jusqu'à l'extinction des lumières et l'extinction de leur voix en Asiatiques, bavards imprescriptibles non moins que bouches closes, à l'occasion, sur l'absolu silence. Car s'il est bon de parler fût-ce pour ne rien dire, il convient souvent de se taire même pour se faire entendre selon les préceptes de Confucius, ce Franklin de la Chine, l'opportuniste parfait, le philosophe prolixe qui sut si bien concilier les contraires dans ces prudents aphorismes où s'expriment en termes égaux, pleins de mesure, son goût de la tranquillité et son amour de la vertu.

Journée au mouillage à Whoo-Sung, près de Shang-haï, dans le vaste estuaire du Yang-tsé. Des employés de banque viennent à bord changer les billets français de nos coolies contre des piastres de Chine. L'effigie de Yen-chu-Kaï prévaut. Finis le dollar mexicain et les monnaies douteuses. L'ordre règne à Pékin, à Tien-tsin, à Canton autant qu'à Varsovie. O contingence de l'argent ! Est-ce d'en avoir touché ou le prestige du pays, certains deviendraient arrogants de ces Jaunes auxquels on a peut-être en France témoigné avec excès le besoin relatif qu'on avait d'eux. Une effervescence les agite qui se résoud en discussions injurieuses, rixes particulières. Rien de grave en définitive. Sur 1200 têtes exaltées, un cuir chevelu à recoudre. Le boucher, juge compétent, assiste à l'opération. A l'aube du lendemain, nous partons, nantis d'un pilote anglais.

Nous remontons le fleuve immense, le vaisseau central, le tronc nourricier, l'aorte vibrante de la Chine. Son égoût collecteur également si l'on veut, mais si large de rives, si impétueux d'allure, si surabondant d'ondes tourbillonnantes que les immondices s'y noient et disparaissent dans le limon, emportées avec lui par la masse vertigineuse des eaux. Bien que la fonte des neiges des montagnes thibétaines ait gonflé jusqu'aux limites de son lit le flot débordant, ce n'est pas encore l'inondation. Nous ne la verrons qu'au retour. Mais n'anticipons pas. Dans l'espace seul et non pas dans le temps nous maîtrisons ici le courant. Faillite au surplus des catégories dans une contrée où tout se mêle et se confond, la terre et le ciel, le ciel et la mer, l'eau, la boue, les champs, les villages, les habitants, les maisons. Fleuve à la mesure de la Chine, Maëlstrom et déversoir inépuisable d'humanité, le Yang-tsé roule indistinctement dans les flots qu'il charrie sa substance toute entière, son sang, ses déchets, son terreau, sa semence parmi les membres disjoints arrachés à son grand corps. Passé, présent, avenir, espace, mort et vie ne sont plus que les formes instables d'une mouvante unité dont le sentiment naît dans l'âme, invincible, au spectacle de sa puissance.

Trois grandes cités rassemblent sur ses bords les multitudes : Shang-haï, à l'embouchure ; Nankin, à 200 milles de la mer ; Han-kéou, où d'une rivière vassale, d'autres suzeraines, il reçoit le tribut d'empire. Entre elles les villes, les bourgs, les hameaux essaimés forment la chaîne vivante qui le lie au déroulement ininterrompu des moissons et des cultures. Champs de maïs et de mûriers, bosquets, saulaies, prairies, rizières se succèdent le long des rives verdoyantes qu'animent les paysans de leur passage sur les chemins, de leur présence au seuil d'une rustique demeure. Des huttes flottent, des barques s'échouent parmi les roseaux. Soudain les berges herbeuses se redressent en falaises abruptes, rochers escarpés, collines arrondies que domine un fort, une tour, une pagode, un monastère. Voici des lacs et des landes, des plages et des grèves ; dans une fente étroite un port de pêche qu'emplit une forêt de mâts. Parfois le fleuve s'attarde, s'apaise, se repose à quelque détour puis de nouveau se précipite, reprend, tumultueux, son cours. Des jonques, des sampans de tous les gabarits, de tons les tonnages montent à la voile avec le vent ou descendent avec le flot. En cortège elles vont, des pans de toile tendue, blanche ou bleue, protégeant contre le soleil les belles coques vernies neuves. Dans le sein gonflé de l'une un homme debout sur un arceau de bois, entre le ciel et l'eau profilé, répare une déchirure. O la jolie ville, Kyan-yin, qui s'annonce par une tour de chaque côté du fleuve, un mur d'enceinte, des fortifications, des pagodes et la carapace des toits ! Un rocher aigu scinde le courant. Des constructions légères à fleur d'eau, des kiosques échelonnés, des maisons, des cimetières à perte de vue, sur la rive, en gradins. On voudrait tant s'arrêter, s'asseoir à ce balcon fleuri qui surplombe, regarder couler indéfiniment la vie torrentueuse intarissable sous sa courbe paisible. Mais il faut s'éloigner, voir la vision disparaître, marcher sans trêve autre que celle du repos nécessaire au pilote qui nous conduit.

Au milieu de la nuit on mouille pour quelques heures dans une baie, un golfe du fleuve où le courant ralenti permet de tenir. Puis on repart avant l'aube. Le ciel du Nord commence à substituer ses étoiles aux constellations tropicales. Cassiopée, la Grande Ourse, les Pléiades, la Polaire s'y rencontrent avec le Scorpion, la Baleine, Orion et son baudrier, la Balance et le Centaure. Peu à peu le firmament s'éclaire ; les astres scintillants pâlissent et s'éteignent ; l'aurore nuancée prélude à l'avènement du jour. Le *Caucase* poursuit sa route au défilé des rives qui s'éloignent et se rapprochent tour à tour, offrant, ravissant aux yeux les images. De son perchoir improvisé avec un panneau de cale débordant la muraille du navire, le sondeur chinois lance à la volée le plomb qui tombe à pic dans l'eau limoneuse. « No fathom », prononce-t-il, articulant nettement la négation, glissant sur le fa et faisant porter tout l'accent sur la syllabe finale qui résonne. « No fathom », avançons donc, si du moins « pas de fond » signifie dans cette langue maritime si favorable à l'équivoque pour les profanes : assez de fond pour le bateau puisque la sonde n'y arrive et non pas fond insuffisant qu'il risquerait de toucher.

A-t-il voulu, lui aussi, sonder les profondeurs, ce pauvre diable de coolie qui vient de choir dans l'eau ? De l'arrière où nous nous précipitons je le vois, d'une nage énergique, lutter contre le courant au lieu de se laisser dériver vers la berge où il pourrait atterrir. Tout de suite on stoppe ; manœuvre classique du virement de bord instantané ; mais le noyé sombre avant qu'on ait eu le temps d'amener une embarcation ou qu'une des jonques et sampans présents lui ait porté secours. C'était, parait-il, un fou inoffensif, un innocent, un fada, selon le joli mot des Provencaux, qui était venu me voir le matin même à la visite, naïvement, pour le plaisir, et que j'avais renvoyé en lui souriant, d'une tape amicale sur l'épaule. On l'avait aperçu sur la plate-forme du sondeur, faisant au fleuve des gestes et des discours. Il portait depuis Shang-haï, dans une large ceinture de cuir, 300 piastres métalliques qui l'aidèrent à couler.

Encore quelques méandres brefs ; encore des roseaux sur la rive, des champs, des futaies, des rizières, des berges marécageuses. Deux tours à droite et à gauche précèdent la Ville. Quoi ! cette réclame gigantesque qui couvre un pan de rocher, cette laide usine à cochons qui déshonore le paysage, c'est Nankin ! Nankin, l'ancienne métropole du plus vaste Empire de la terre, cité jadis impériale et qui resta longtemps, après que l'empereur Young-Lo l'eut quittée pour fixer sa résidence à Pékin, supérieure à la nouvelle par ses industries, ses écoles jusqu'au jour où les Taï-pings la saccagèrent. Heureusement le *Caucase* laisse derrière lui l'abominable bâtisse et l'annonce tapageuse qui vante, nous dit le pilote, en caractères exaltés, un aphrodisiaque irrésistible. Voici le faubourg maritime, Shia-Kuan, avec ses maisons au bord de l'eau baignant leur seuil, ses couleurs criardes, ses oriflammes éclatantes, ses bannières au vent, ses pontons, vieux bateaux désarmés, ses estacades, ses embarcadères, tout le grouillement humain d'un port chinois, la chose la plus folle, la plus inattendue, la plus ahurissante, la plus échevelée qui soit au monde.

Nous mouillons sur deux ancres en plein courant par 30 mètres de fond que mesure ici le Yéng-Tsé ! Pas de place aux appontements de Pukau : 3 vapeurs, 2 petits japonais, un gros cargo français de notre compagnie qui doit partir demain. D'autres continuent jusqu'à Han-Kéou parmi la flottille des jonques. Nos coolies débarquent dans des chaloupes dont la violence du fleuve menace à chaque instant de rompre les amarres. Ce brave vieux loup de mer de maître d'équipage, à la barbe hirsute, au rude visage cordial, un Corse avec l'air d'un Breton, aide à descendre l'escalier de la coupée un béribérique convalescent que la maladie, en Chine, va reprendre. Nul de ses compagnons ne songe à lui donner la main. Chargés de hardes et de bagages hétéroclites, l'un même d'une machine à coudre, ils quittent à regret la France hospitalière, ce navire qui la prolonge. Une ronde dans les cales et les spardecks en fait découvrir plusieurs qui s'étaient cachés.

Étrange voyage immobile ! Au milieu du fleuve impétueux le *Caucase* semble marcher d'un mouvement propre qui contredit son inertie. L'illusion n'est qu'apparente. En vérité nous chassons. Vite il faut changer de mouillage, guindeau, chadburn et la barre, hisser trois maillons de la chaîne, mouiller de nouveau tribord et babord pour étaler le formidable courant.

Pukau : appontements massifs, solides, fermes, inébranlables, tels que les conditions l'exigent. Port construit par les Français et que les Anglais, les Américains ou les Japonais exploiteront — naturellement. Les Français ont le génie constructeur. Ils ont aménagé des escales dans les cinq Parties du Monde. D'autres s'y trouvent à l'aise. C'est la loi. Les « Bernard l'ermite » de la mer aiment les coquillages tout faits.

Le *Caucase* décharge ici 1000 tonnes de ferraille, du matériel de chemin de fer. Les quais déjà encombrés d'éclisses, rails, poutres et traverses métalliques agréent sans qu'il y paraisse ce nouveau tribut d'occident. Du bois en monceaux, partout, grume, troncs d'arbres équarris, écorcés, planches, madriers, longuerines. Trains de marchandises bondés sous les hangars. Population de débardeurs plutôt hostiles qui deviendraient vite insolents si on les laissait faire.

En face de Pukau, Shia-Kuan, devant Nankin dont on n'aperçoit qu'une partie des murs, la ville invisible derrière un renflement du sol. Des ferryboats traversent le fleuve. Il faudrait attendre. J'ai hâte d'atterrir. Un petit sampan léger est là qui m'emporte avec sa voile, toujours prêt à chavirer. Aussi bien me plaît-il d'aborder ce pays dans ses œuvres et d'en recevoir le baptême brutal, l'embrun cinglant du Yang-Tsé.

Shia-Kuan ; bizarre dissonance de son aspect et de son nom. Déposé à même la rue comme un amphibie par le flot qui m'apporta et point ne recule épouvanté en dépit de la réminiscence classique et du tumulte qui l'accueille, je suis assailli par une nuée de tireurs de pousse-pousse se disputant l'aubaine de ma clientèle. Tout ici crie, piaille, clabaude, vocifère et glapit. Les lignes et les couleurs même ne peuvent garder la mesure. Un kaléidoscope étourdissant, un capharnaüm d'objets, tons, relents, parfums, clameurs, l'emporium incohérent, disparate d'un port, un port de Chine où tout arrive, se vend, s'achète, se diperse, s'accumule, se confond. Des boutiques pleines à crever refluent sur la chaussée étroite. Aux devantures bariolées, aux portes des magasins se balancent les panneaux laqués rouge et noir où le négoce de céans s'inscrit en caractères dorés. Entre la rangée des maisons et le fleuve bruissant de sa batellerie débordante, un torrent humain s'écoule, tout un peuple sur ses pieds qui chemine. A peine quelques voitures où vont des femmes, de rares citadins, des voyageurs de passage, exhibent leur carosserie de l'an mil au milieu de costumes moyenageux. Tout le reste circule avec ses jambes ou celles des tireurs de pousse-pousse dans ces petits véhicules à deux roues qui sont les omnibus individuels de l'Asie.

Caprice auquel, sur le seuil, avant d'y céder, je me reproche d'obéir. Mais quoi ! ne faut-il pas tout connaître, au risque des septicémies. J'entre pour me faire raser dans ce salon de coiffure qui n'est pas si sale à tout prendre avec ses paysages de papier peint sous verre. O le supplice chinois inventé par ce barbier ! Pendant trois quarts d'heure il me tient entre ses pattes d'araignée armées d'un petit couteau triangulaire dont il râcle vingt fois ma figure comme on épluche des carottes ou des pommes de terre nouvelles. Impossible de l'arrêter. Enfin c'est fini ; je suis libre. Mais j'ai assez d'une expérience. On ne m'y reprendra plus.

Dehors le soir musicien préluderait de ses plus beaux accords à l'agonie du jour sans cette fanfare baroque et discordante qui remplit l'atmosphère de l'asthme bruyant de ses cuivres. Vêtus d'oripeaux d'Europe, redingotes, pantalons, képis noirs ou de couleur chamarrés d'or et d'argent avec des parements, des galons, des revers mauve, olive, violets, jonquille, pareils à des valets de cirque en délire, à des rois nègres cérémonieux, une vingtaine d'exécutants s'avancent d'un pas de parade étoffé comme s'ils marchaient sur des œufs. Des coolies les suivent, porteurs de victuailles et de présents. Rien de grotesque à l'égal de ces cortèges sonores qui rehaussent une réjouissance, annoncent quelque événement, célèbrent une fête de famille : naissance, mariage, anniversaire. Avec une solennité bouffonne, hérauts du Progrès d'occident, ils vont, pénétrés jusqu'aux moëlles de l'importance de leur rôle. Ils jouent dans la même cadence, à une allure d'enterrement, marches guerrières et complaintes, valses, polkas, gigues, sarabandes ; airs lents dont la tristesse ironique se réjouit de retrouver par accident sa mesure ; des airs vifs qui se lamentent d'être ainsi lentement massacrés. Devant cette manifestation burlesque où le comique qui se mêle ici comme ailleurs aux choses les plus graves atteint le degré suprême, on ne sait plus s'il faut rire ou pleurer. Cependant que me revient avec une persistance imbécile ce rythme sautillant d'un motif d'une opérette de Bazin, si je ne m'abuse, qui me poursuit depuis mon départ, exprimant d'une façon heureuse bien que superficielle le côté amusant de l'Empire du Milieu : « Partout des pagodes », auquel la stupide obsession de la rime me fait ajouter invariablement « et des myriapodes », bien qu'à vrai dire, je n'aie vu encore aucun de ces invertébrés dans cette Chine où la vie surabonde ; elle-même, avec les pieds innombrables de son peuple, pareille à quelque gigantesque animal de faunes primitives rampant à la surface de l'Asie.

Dîner ce soir dans un restaurant chinois à l'européenne au bord du fleuve. Cuisine hybride anglo-sino-française (on se nourrit si l'on ne mange), repas par petites tables parmi les allées, les parterres, les pelouses d'un jardin. Des Célestes émancipés en groupes familiaux ou d'amis absorbent avec entrain sans se trop mal tenir nos menus alimentaires. Assises devant une tasse de thé, des femmes, des enfants plutôt, font des grâces, jouent à l'ingénue, sourient, minaudent, répondent, parlent et boivent du bout des lèvres. On dirait des adolescentes en rupture de pensionnat. Ce sont les mousmés de la Chine, les « sing-song », deux mots anglais assez jolis adoptés par les Chinois. On les convie discrètement aux repas, aux assemblées qu'elles ornent de leur présence, mettant une note délicate, un peu perverse, un peu sénile, de naïveté puérile, de fausse candeur virginale qui émoustille les sens blasés des fils de Han. Elles chantent en s'accompagnant d'une sorte de mandoline dont les sons grêles se marient à l'acidité de leur voix. Inutile d'y prétendre. Elles appartiennent à un seigneur et maître qui les a payées à leur « ama » sans leur interdire de se louer platoniquement. Lui-même à la merci d'une surenchère. A défaut de quoi elles restent d'autant plus fidèles que cette ama qui les sert, les parfume, les habille, les nourrit, les pomponne, surveille avec une prudence jalouse ce capital vivant facile à exploiter. La vieille duègne que l'on rencontre en pousse le soir, une petite fille parée comme une idole sur les genoux, cache sous ces dehors maternels une férocité de proxénète. Au retour, elle bat la poupée qui ne rapporte pas assez d'argent. Rien d'ailleurs de ces tristesses ne transparaît sur le visage de l'enfant dont on ne peut savoir si même elle les éprouve et si le sourire de commande qui fleurit ses lèvres exprime l'inconscience de son âge ou l'acceptation passive d'un destin qu'elle ne songe pas à éviter.

*
* *

Combien chinois, combien dans la note excessive de l'Extrême-Orient ce théâtral lever de soleil dans un ciel de typhon avec son éclat pompeux, ses nuages de pourpre irrités, sa violence toute extérieure qui s'exaspère ! Grouillement matinal de la rue où mon coolie-pousse me fera sans ralentir passer, criant gare inccessamment, ajoutant sa voix au tumulte, accrochant au passage un autre véhicule, un cuisinier, un marchand ambulant ou l'un de ces porteurs aux fardeaux invraisemblables qui foisonnent et vont, écrasés sous le poids ou la disproportion du volume, modulant sur tous les tons l'immense gémissement de la Chine. Quel musicien saura jamais tirer de ce concert la symphonie de l'effort d'un peuple de bêtes de somme ? La diversité infinie des timbres, des rythmes, des mesures selon l'âge, le sexe, la constitution, comporte néanmoins l'uniformité des temps et des cadences, si bien qu'un mouvement commun en résulte dont l'oreille demeure hantée. Et c'est une délivrance égale de sortir à la fois de la cohue des corps et de la marée submergeante des bruits, des clameurs et des sons.

La rue franchit sur des ponts de bois disloqués des arroyos, des canaux bourrés de jonques et de sampans, s'élargit entre des maisons moins denses, s'étire, se rétrécit de nouveau en un boyau sinueux, après quoi elle prend son essor vers Nankin. Une porte monumentale badigeonnée de rouge au sommet d'une éminence herbeuse où paissent des chevaux ; des maisons qui s'espacent de plus en plus ; puis la campagne suburbaine avec de temps en temps une ferme parmi la verdure. Vaste superficie enclose d'une muraille de 150 lis, large par places comme une chaussée de pierre, suivant les pentes du terrain, escaladant les monticules descendant au fond des vallons, avec ses bastions, ses courtines, ses redoutes, ses redans, ses portes aux couloirs cintrés ouvrant soudain sur l'infini des montagnes et de la plaine. Les villes chinoises d'autrefois enfermaient ainsi dans leur enceinte non seulement la cité mais encore les cultures environnantes, une zône diaprée de champs, de prairies, de jardins, de rizières. C'était en quelque sorte un grenier vivant, riche de renaissantes moissons. Un siège pouvait se prolonger sans entraîner la famine sauf déficit des récoltes. Mais qui oserait se flatter de réunir autour de sa fortune les seules circonstances heureuses ! Dans la mesure où elle peut les prévoir parer aux disgrâces possibles, c'est toute la puissance humaine. Pour le reste, fatalité ! je songe au passé encore actuel de meurtre, de ruine, de violence qu'a subi au cours des siècles cette terre sous le soleil aujourd'hui paisible et riante, cependant que mon coureur m'emporte à la cadence régulière de son pas. J'ai eu la chance de tomber ce matin sur un coolie dont tout d'abord l'aspect, la propreté douteuse de son véhicule et de ses haillons m'avait fait regretter la rencontre au point d'en vouloir changer sans ce scrupule qui m'arrêta de lui causer une déception en lui ôtant du même coup peut-être une occasion de relèvement. Ce bon mouvement obtient sa récompense. Mon homme parle français. Parler c'est beaucoup dire ; du moins dans sa sphère me comprend-t-il autant qu'il se fait entendre. Au surplus, nous n'avons pas à nous entretenir des éternels problèmes.C'est assez qu'il me conduise à Nankin.

En vérité, ma veine dépasse mon mérite et s'avère insolente. J'ai peur qu'elle offense les dieux. Trouver dans la même personne un guide, un phaéton, un cheval, un interprète! Outre un excellent coureur, il me raconte qu'il a travaillé cinq années de la guerre à « Paris-Passy » dans une fabrique de munitions. Rentré depuis deux mois à peine la Chine l'a déjà repris et reformé à son image. Rien ne le distingue des gens de son état qu'un degré plus grand de misère. Le jeu sans doute l'aura dépouillé de ce qu'il possédait. Sinon il n'exercerait pas ce. métier, l'un des plus bas dans la hiérarchie professionnelle de l'Asie C'est un bon diable de Chinois que son séjour en France n'a rendu ni prétentieux, ni arrogant, simple, humble, résigné à son sort puisque le sien et qu'il n'en imagine pas d'autre, capable d'un sourire humain et d'un attachement plus qu'animal peut-être, sans médire de nos frères inférieurs, à qui lui montre de la bienveillance. Il saura me le prouver par son empressement à me satisfaire, une sorte de dévouement qu'il me témoigne, me renseignant dans la mesure de ses moyens, respectant mon silence, me défendant sans obséquiosité vile contre les entreprises des marchands, du moins les antiquaires ; car pour les objets chinois de nécessité courante leur bon marché à Nankin m'a toujours étonné.

Par la belle matinée déjà chaude, prélude d'une journée torride, nous allons. Plus rien ne rappelle ici la proximité d'une grande ville que l'affluence des passants. On se croirait au Moyen âge, sur un chemin vicinal très fréquenté. La campagne emplit le cercle de l'horizon que ferment les murs de l'enceinte, le profil bleu des montagnes, une ligne dentelée de feuillage, l'étendue incertaine de la lande ou des champs. Sur un monticule une pagode que je repère pour, une autre fois, contempler du haut de sa tour la vue panoramique du paysage. Aujourd'hui je vais à Nankin. Nous croisons des véhicules où s'entassent êtres, bagages, marchandises, des pousse-pousse de toutes les catégories, de rares équipages de maître parmi la séquelle des chars branlants de vétusté, des voitures cahotantes qui semblent à chaque instant près de perdre leurs roues. Paysans, portefaix, piétons ; caravanes d'ânes gris de poil et de poussière chargés de matériaux. A mi-chemin ce yamen désaffecté qui garde grand air avec devant ses trois portes, un écran pour écarter les génies. Çà et là des groupes de maisons, des agglomérations plus denses, vestiges d'anciens faubourgs saccagés, tentacules suburbaines renaissantes. Une grande rue droite pavée encore que bordent une série d'amas, de décombres, de bâtiments à tous les degrés de la destruction, offre aux regards la gamme chromatique des ruines, les moins délabrés pleins d'habitants sans cesse à la merci d'une chute prochaine, sous leurs pieds, du plancher, du plafond sur leur tête. Un gros centre après lequel les demeures humaines de nouveau se raréfient pour réapparaître de plus en plus nombreuses, d'abord pavillons, résidences, corps de logis répandus parmi de vastes jardins, sans doute des écoles, des collèges, des bibliothèques car, malgré sa déchéance politique, la capitale du Kiang-Sou est restée la métropole intellectuelle, la ville universitaire, la cité savante de la Chine. Puis l'océan des toits envahit de sa marée grandissante le champ visuel jusqu'à l'absorber tout entier. Comme une barque de pêcheur au fond d'une baie poissonneuse, porté par le flot, avec lui je pénètre au cœur surpeuplé de Nankin.

Rues étroites, carrefours exigus, venelles bourrées de globules dessinent un réseau capillaire dont les maisons comblent les mailles, cellules vivantes elles-mêmes regorgeant de la multitude où elles baignent. Le fleuve humain qui d'abord reflue devant moi et semble vouloir me repousser jusqu'au seuil qu'il me laissa franchir, par ondes successives m'entoure et m'accueille, m'incorpore à sa substance. Je deviens l'un des éléments de cette foule, emporté avec elles dans le courant qu'elle détermine. Sans lui céder absolument, tantôt je m'y abandonne, tantôt j'essaie de rompre un mouvement auquel il ne plaît à l'intelligence de participer que dans la mesure où elle espère pouvoir le comprendre. Mais qu'elle se livre à son cours ou qu'elle le regarde passer, le torrent ne cesse de rouler ce flot tourbillonnant d'images où s'épuisent, avant d'avoir pu les satisfaire, sa passion de sentir et sa puissance de connaître.

Impossible de s'évader maintenant. Il faut aller jusqu'au bout dans un vertige de vitesse et de bruit. Vitesse qui n'est pas la rapidité mécanique de nos moteurs. Vitesse essentiellement humaine qui résulte de l'étroitesse des parois, de la multiplicité des mobiles, de leur uniformité. Tous ces piétons semblent emportés par un élan unanime. On dirait qu'ils ne vont nulle part et qu'ils restent toujours les mêmes. Ceux qui rentrent dans les boutiques se substituent strictement, trait pour trait, jambe pour jambe, à ceux qui sortent des maisons. Pièces interchangeables d'un immuable système, figurants peut-être éternels d'un drame qui ne finit jamais puisque sans cesse il recommence, à chaque matin renaissant, à chaque instant de la journée passant par les mêmes phases de déclin, de recrudescence, d'apaisement et de fièvre, avant d'atteindre le fastigium de l'orgie nocturne chinoise d'où il ne tombe aux abîmes du sommeil que pour surgir de nouveau des ténèbres à l'aube imprescriptible, demain.

Calme abri d'ombre et de silence, cette pagode où je me réfugie au giron de la cité assise dans la fulguration de midi. Trois portiques de bois laqué rouge et or précèdent la cour. Saillies d'un buisson de poutrelles ramifiées et sculptées qui les étançonnent à leur base, les colonnes sveltes s'élancent, supportant dans l'azur en vibration l'inévitable t'ing, ce toit aux angles recourbés qui s'incurve au milieu vers la terre et qui résume dans ses lignes, évocatrices de la tente ancestrale, toute l'architecture de la Chine. J'accède au recueillement du temple par une porte basse donnant sur une galerie où des menuisiers travaillent. La cour n'est plus qu'un jardin abandonné, aux allées dallées de pierre, damasquinées de gazon. Le sanctuaire délaissé marque une égale négligence. Le repas dans la solitude et la pénombre y serait parfait sans ces gamins bruyants survenus dès mon arrivée et cette vieille mégère grimaçante qui, d'un geste quasi obscène de sa main osseuse, malgré ses habits de satin sollicitant mon porte-monnaie, reçoit avec la même satisfaction le témoignage de mon dégoût et l'aumône ignominieuse de mon argent.

L'immonde femelle est à peine partie qu'une autre lui succède moins répugnante car moins dépourvue des apparences, sinon des mérites réels de la pauvreté. Elle aussi prélève son impôt sur ce diable d'étranger si providentiel après tout, puis s'en va sans que je songe à la retenir. Bientôt les garnements importuns l'imitent. Je reste seul avec les dieux. Du haut de leurs autels dorés leurs yeux fermés d'idoles, pareils à des nombrils débordants de tissu graisseux, laissent tomber un vague regard animal que la convexité de l'abdomen renvoie à son foyer d'origine pour y être de nouveau réfléchi dans une récollection perpétuelle. Religion d'hypnose et d'obsession vésanique, dans quel cerveau paradoxal a pu germer l'idée de figurer l'intelligence divine, la compréhension suprême par cet amas de chair molle qui s'écroule en vagues alourdies de matière pesante ? Ne sommes-nous pas en Chine, pays des contrastes accordés, des discordances harmonieuses ? Au surplus qui n'a rencontré dans la vie des crétins au front haut comme une tour et des masses ventripotentes d'esprit plus subtil, de vivacité plus légère que tel squelette apathique, étonnant de stupidité !

Vais-je à la fin me laisser envahir dans la torpeur méridienne de ce temple par le nirvâna frelaté que ses murs distillent ? Certes non ; le monde, au dehors, irradie, ivre d'images qui m'attendent. Avant qu'il ne devienne funeste, quittons ce lieu favorable et pernicieux qui nous fut propice à méditer dans l'ombre des pensées que l'éclat du soleil aurait fait s'évanouir. Il faut savoir s'éloigner à temps même des influences salutaires, éviter ce renversement de l'action où l'effet semble démentir sa cause. Le sage déifié de la Chine nous invite à ne pas prolonger un séjour dont l'âme lasse n'éprouverait plus que tristesse et confusion. Ainsi se réserve-t-elle, avec l'illusion du désir, la mélancolie du regret et l'espérance du retour. « In medio stat virtus. » Maxime de modération nulle part sans doute mieux établie que dans une contrée qui, en dépit des contradictions les plus flagrantes, entre celle de la République demeure l'Empire du Milieu, symbolisé par l'excellence et la simplicité du caractère qui l'exprime. A moins qu'en Chine comme ailleurs l'homme ne convoite le plus ce qui lui manque davantage et qu'à vouloir le posséder. il s'imagine l'obtenir.

J'allais oublier de manger à me nourrir ainsi de quintessence. Omission moins pardonnable que celle de la méditation et de la prière dans un pays où il n'est pas de fête sans ripaille qui la rehausse, d'autant plus que souvent la famine y règne. Mon guide coolie-pousse-

interprète me conduit dans un bon restaurant. L'abominable tam-
bouille ! Propre, abondante, pas trop mal présentée ; local acceptable
avec ses cabinets particuliers, sa claire galerie de fenêtres ouvertes
en haut dans l'azur. Mais cet océan de graisse écœurante ! Si près
encore des Tropiques ! en plein été ! si loin du Pôle ! Les 3 services
à la fois sont disposés sur la table : crevettes décortiquées, exsangues
et carrés de radis blancs qui nagent dans une sauce oléagineuse ;
nouilles au saindoux, à l'axonge, à l'huile, à la vaseline, au liniment,
à la pommade ; poulet en petits morceaux mélangés de légumes dans
un roux au sucre où la série grasse qui semblait épuisée, pour mon
désespoir et ma faim renouvelle ses métamorphoses. Il faut pourtant,
me sustenter. J'absorbe à force d'énergie volontaire, de persuasif raison-
nement un soupçon de chaque plat. Puis, vaincu par la nausée, je
succombe. Mon coolie-pousse, témoin aussi respectueux qu'ébahi de
mon insuffisance, s'offre à reprendre contre les reliefs encore fumants
du festin une offensive qui, dès le premier choc, s'affirme victorieuse.
Avec une voracité bestiale, innocente, il fait disparaître le contenu de
quatre assiettes en bols alimentaires monstrueux dont la vitesse à
franchir le pharynx et l'œsophage donne le vertige. Un bruit d'in-
gurgitation, mécanique, de gargouille près de s'obstruer rythme ce
travail de Titan. Est-ce gratitude canine ou cet excès de nourriture,
car il a déjà déjeuné, un trouble croissant passe dans ses yeux, au fur
et à mesure qu'il avale. Je lui dis d'aller moins vite : il s'étranglerait
par scrupule de me faire attendre, sa façon à lui de manifester que,
même en Chine, la reconnaissance du ventre n'est pas toujours un
vain mot.

Dans un angle rentrant du mur d'enceinte de la pagode, comme au
Moyen-âge une échoppe au chevet d'une cathédrale, que peut bien
recéler ce trou sordide, obscur, sans autre issue que la porte qu'il
circonscrit de son ombre ? Un médecin pharmacien sorcier tient là
ses assises. Par Esculape, fils d'Apollon, dieu des Arts, lui-même dieu
de la médecine, je veux connaître ce complice. Mon coolie pousse fait
les présentations. Du sein de la misère où il végète, sur un escabeau
branlant, près d'une table de bois vermoulu qui s'appareillent à sa
substance dans l'identité de la décrépitude, le vieux praticien me reçoit
avec un sourire craintif puis peu à peu s'apprivoise et, rendu confiant
par la bienveillance du visiteur, le protocole de l'interprète, l'hommage
discret de quelqu'argent, rivalise de courtoisie et m'offre une tasse de
thé. Honorable, honoré confrère, quoiqu'à dire vrai votre vaisselle ne
semble subir de lavage que des bouches malsaines qu'elle abreuve, je
ne puis refuser d'y boire. Sans doute ne saurez-vous jamais la grandeur

du sacrifice que j'accomplis, d'autant que nulle soif ne m'altère. Dieu me garde envers vous de la plus légère injure. Ni ma libation ne veut être une orgueilleuse condescendance ni mon offrande, une pitoyable libéralité. Hippocrate qui nous rassemble m'inspire ce tribut légitime. O parité de nos destins ; O fraternelle rencontre ! Soit dit sans vous offenser. Vous dans votre étroit réduit, moi dans ma stricte cabine, nous sommes au large tous les deux.

Quel charme ici me retient, m'ôte la conscience du présent, la notion de l'étendue et de l'heure : vertu des analogies, prestige de l'instant éphémère ou cette suspension de la vie qu'on éprouve alors qu'elle atteint son degré d'expansion suprême ? Suis-je en Chine, au XXe siècle, dans l'antre d'un alchimiste, en Europe, au temps des Croisades, ou nulle part, à nulle époque, partout à la fois dans le monde ? Qu'importent les chronologies et les localisations pour qui sent de l'univers en lui la vie surabondante ! Idéale relativité ! L'espace, non moins que le temps, plus qu'à ses trois dimensions se mesure à la grandeur, à la force, à la diversité magique des images qu'il nous propose. Ne voir céans que petitesse, dégoût, pauvreté chétive, c'est manquer d'intelligence et de sereine ironie. Le lieu est plus riche de symboles que d'opulentes réalités. Encore faut-il les découvrir. Nul besoin de se déplacer ; à peine accommoder les yeux. Il y a de tout dans ce taudis. Des choses pendent du plafond : paquets de plantes desséchées : herbes, sédums, graines, racines, espèces toniques ou pectora'es, peaux de serpents, d'alligator, petits reptiles empaillés, fragments d'os, corne de cerf, momies de crapauds, de grenouilles, mandragore, amadou, gui mauve. A une stèle de marbre noir un bahut disloqué s'adosse que surmonte une étagère bourrée de fioles disparates au contenu déconcertant : pastilles en train de pourrir, pilules moisies qui se désagrègent, potions qui se décomposent. Des boîtes de cigarettes vides consomment la rouille de leur fer-blanc près d'une moitié de flacon gradué cassé par le milieu, précieux talisman, signe auguste de la science occidentale. Cure-dents, spatules ébréchés, compte-gouttes défunts, pinceaux qui perdent leurs poils, vieilleries sans usage et sans nom, chiffons inouïs de saleté. Asepsie ! Antisepsie ! Et ces deux planches anatomiques aux viscères invraisemblables, à faire hurler les mânes de Farabeuf ! Un homme à l'encre de Chine pudiquement asexué exhibe un système nerveux aux traits blancs dont la simplicité schématique l'exempte à coup sûr d'hystérie. Un autre éventré montre à vif des organes qui donnent à croire qu'au pays de Lao-Tseu ce n'est pas une métaphore de la faim qui transpose l'estomac dans les talons. Sur ce ramassis d'objets hétéroclites, sur ce capharnaüm lamentable règne sans la moindre

arrogance un apothicaire chassieux, archaïque et suranné, aussi immé-
morial que le désarroi qui l'entoure. Assis devant moi, immuable, vit-il
hors de toute période, de toute classe, de toute origine ? Achève-t-il de
mourir ? Va-t-il, de sa cendre, renaître. N'est-il aussi qu'un vain fantôme
de cette vaine Eternité ?

Tard dans l'après-midi, comme un faune, sa tanière, je quitte la
caverne sans âge où je perpétrai des heures inaperçues en face du
problème insoluble. Un flot de promeneurs envahit le boulevard
où je tombe, le long des canaux. Foule anonyme de bourgeois, de
scribes, de marchands, de coolies où se distinguent à je ne sais quoi
de réfléchi, de philosophique dans la démarche, les maîtres et
les étudiants des nombreuses écoles de Nankin. Des étalages de
toutes sortes encombrent la chaussée, jusqu'à des cailloux polis de
rivière chatoyant dans une eau limpide. Le goût puéril des Chinois
pour l'aspect naturel des choses n'empêche pas l'interprétation d'un
art dont la recherche excessive conduit trop souvent au factice, à la
grimace, à la déformation. Mais que parler d'art en Chine à présent !
Ouïr plutôt cette fanfare ahurissante dans l'enceinte de bambou d'un
cinéma jouant des airs européens où passe, mué en complainte funèbre,
un allegro patriotique cher à mon enfance : « Souviens-toi de ton pays
en marchant au feredi » (telle fut jadis des paroles ma compréhension
première) dont les accents familiers, venus cependant de la France,
arrivent ici trop altérés pour, décemment, qu'on y songe.

Silence paradoxal du soir dans l'exaspération des bruits. Des musiques
forcenées partout retentissent. Coups de gongs, aigres sifflements des
flûtes et des clarinettes sur la sourdine des violons. Vieille habitude de
marin ou convenance parfaite au spectacle de mon observatoire ? Du
haut d'un pont en dos d'âne qui franchit l'eau lente irisée, j'assiste à
la transfiguration de la Ville dans l'agonie de la lumière. D'une part :
logis de mandarins, lettrés subtils, fonctionnaires, calmes demeures
où le drame et la passion, en vase clos, fermentent. Leurs façades de
bois ouvragé se reflètent dans l'onde qui baigne leurs pieds et vient
lécher leurs seuils. O châlets fermés du Bosphore le long des rives de
nos rêves ! Moucharabiehs mystérieux ! De l'autre, la cité du négoce,
du labeur, de la finance déversant son trop-plein d'orgie sur les bords
d'un canal paisible où se mirent à la réverbération des flambeaux les
maisons de jeu, de plaisir, les restaurants et les thés. Partout, toujours
et sans fin, ce flot humain obsédant, inépuisable qui s'écoule. Aux
crissements des orchestres déjà les bateaux-fleurs s'allument. Leur
périple ne dépasse pas le pont surpeuplé où je suis. La nuit descend
vers le désir des hommes jaloux de se confondre. Etranger, comment

pourrais-je le partager ? Or, tandis que je désespère et me console à la beauté de l'heure, un Chinois, qui depuis quelque temps me regarde, m'interpelle en un français intelligible, A Nankin, ville heureusement négligée des touristes, trouver quelqu'un qui parle ma langue ! Employé de banque ou de commerce, scribe officiel, que sais-je ? il a vécu plusieurs années à Paris, « pour apprendre », avant la guerre. Il me présente son ami qui l'accompagne, un capitaine, 400 soldats sous ses ordres, me confie-t-il sans me faire trembler. En Pékin, sans képi ni sabre ; en Pékin, le capitaine et l'air doux comme un mouton. Un éclair me traverse le cerveau. Ce projet caressé d'abord, quitté, repris, abandonné, d'aller en bateau-fleur sur l'onde obscure lumineuse, voici venu le moment de l'accomplir. J'invite mes hôtes inespérés qui acceptent : « Voulez-vous, petites mamoiselles », demande discrètement mon guide ; et m'instruit de ce qu'il croit que j'ignore : Rires, chansons, musique et danse mais pas toucher, tabou ! tabou ! (A dessein je change une lettre pour ne pas me faire comprendre). Si je veux des mamoiselles ! Certes. Mais qu'elles soient jolies pour ma chaste contemplation. Et bientôt nous glissons parmi les sampans et les jonques aux berceaux de treillage enguirlandés de lanternes et de fleurs en papier sur l'eau soyeuse accueillante.

Seuls d'abord le capitaine, le virgile chinois qui me guide en ce Paradis d'Enfer et moi, dans la barque du Dante. Nos Béatrices ne se tiennent pas n'importe où au coin d'une rue ; il faut aller les dénicher. Embarquement pour Cythère, sur la berge d'un canal, au fond d'une ville d'Asie. Que ses partisans ne s'irritent et ne crient au sacrilège ! Le Gibelin au cœur ulcéré ne fut pas toujours, paraît-il, cet épouvantail ascétique qu'ils nous montrent. Curieux de tout en vrai poète, vivant, nous l'inviterions qu'il viendrait. Sans irrévérence ni remords, à notre équipée nocturne nous pourrions associer son impérieux souvenir. Partons donc avec sa pensée. Regardons défiler les rives. Balcons, encorbellements, galeries à balustres, estrades qui surplombent, d'un coté succession ininterrompue de maisons illuminées où l'on joue, où l'on chante, où l'on crie, où l'on boit, où l'on mange, où l'on s'amuse. De l'autre, parmi les jardins, au clair-obscur de la lune, des habitations solitaires qui parfois laissent entrevoir, à la transparence des ténèbres, une silhouette languissante au sein d'une atmosphère saturée de volupté. Nous atterrissons dans la nuit au bord d'une petite baie d'ombre silencieuse. L'âme des conspirateurs romantiques est en nous sous le profil menaçant dans le ciel étoilé des murs à créneaux de l'enceinte. Coquetterie féminine, soins de toilette qui s'attardent, les « mamoiselles » se font attendre. On leur a dépêché un des sampaniers, goudoliers, devrais-je dire en cette venise d'Asie, porteur de quelques caractères hâtivement tracés. Enfin il revient, elles arrivent, les petites sing-song menues avec leur vieille duègne d'« ama » au professionnel sourire.

Le lent bercement reprend et se prolonge de cette barcarolle muette qui résonne au fond de nos cœurs. Bientôt les oiseaux captifs de notre cage flottante se mettent à la moduler. Ils s'apprivoisent, ils gazouillent, ils ramagent. Nous voici de nouveau dans l'effervescence de ce double courant humain que nous suivons et qui nous croise. Une infinité de bateaux-fleurs sillonnent les canaux en flottille si dense parfois qu'il semble impossible de passer. Pourtant notre nacelle s'insinue entre ces lourds sampans de fleuve, ces grosses jonques de charge transformes en bucentaures démocratiques rutilants de plaisir, de lumière et de bruit. Des heurts, des rencontres, des abordages. Les bateliers vocifèrent, se disputent, s'injurient à perdre haleine dans la personne impuissante de leurs plus inaccessibles ancêtres. On se trouve soudain nez à nez avec toute une famille en ballade, de vieux libertins en goguette, des joueurs que leur passion infernale emporte vers l'abîme plus symboliquement que jamais. Sourds, aveugles, vrais somnambules du destin, ils vont indifférents à tout sauf le hasard qui les hante. Cependant nos sing-song s'émancipent sous la surveillance draconienne de l'ama. Leur puérilité se révèle dans l'innocence de leurs jeux. Elles me déclarent gentil, daignent rire et sourire à mes propos. Une laryngite que je traîne depuis quelques jours me donne en effet cette voix rauque propre à débiter des fadeurs. Ces enfants sont indulgentes jusqu'aux limites de la bienséance qui ne leur interdit point de s'asseoir sur nos genoux. Dames galantes prématurées de quel pudique Décaméron, voici qu'elles nous abandonnent au retour où nous les avons prises, laissant discrètement l'ama recevoir le prix de leur présence, sous les auspices de Platon.

Pluie aujourd'hui, pluie invraisemblable, immense, diluvienne, infinie ; pluie éternelle, pluie fabuleuse ; pluie des premiers temps du monde, sans terme ni origine, sans fin ni commencement. Si pourtant, je me rappelle : cela prit l'essor hier, au tombeau des Ming, dans la brûlante après-midi. Une voiture m'avait conduit hors l'enceinte, au large de la ville, jusqu'à ce lieu solitaire où les deux premiers empereurs de la dynastie ont établi leur sépulture. Solides fondations de la Mort plus durables que les ouvrages de la vie. Deux colonnes au seuil de l'allée sépulcrale inaugurent la série des gardiens figés dans la pierre pour une veille imprescriptible. Par couples, se faisant face, mandarins militaires et civils, chevaux, éléphants, chameaux, lions alternés se succèdent, cortège immobile du monarque accédant à sa dernière demeure. Leurs formes maladroitement stylisées, monstrueuses, rudimentaires, concentrent la force barbare des lointains tributs du royaume. Ils ne dépassent pas ce porche inscrivant dans ses trois arches un pan d'azur torride semé d'incandescents nuages. Plus loin un cube de maçonnerie massive, ouvert aux quatre points cardinaux, abrite la stèle géante submergée de caractères à la louange du défunt. Une tortue gigantesque la supporte, plus haute que l'horizon du regard humain. Encore des pylones et des temples, des cours, des fossés, des terrasses, des ponts dallés, des esplanades, toute une forteresse rituelle, défendant avec ce rempart de montagnes qui l'entoure, l'impériale nécropole. Puis ce mur d'aplomb, droit, vertical, formidable, sans relief ni décor, sans ornement ni moulure, percé seulement à la base d'une chatière où l'orgueilleuse dépouille s'insinuait. Vrai mur du néant cette façade derrière laquelle disparaît ce qui fut un empereur. L'énorme entassement de matériaux dont elle justifie l'appareil n'écrase pas cependant sous son poids le corridor ascendant qui le troue et débouche au pied du tertre boisé où, rendus à la terre maternelle, les restes souverains achèvent de pourrir. C'est là que la pluie me surprend et me retient dans l'antichambre de la mort, devant une tombe primitive, ce tumulus des premiers âges, aboutissement suprême d'une civilisation qui mit sa dernière élégance à revenir, après tant de grandeur, à la simplicité primordiale des moyens.

Sous l'averse qui redouble je pars sans déplorer avec les Homais, les prud'hommes, ce vain travail funéraire puisque seul il a subsisté ! L'eau dissoud le paysage, nivelle les plans, estompe les volumes. A peine entrevois-je au retour les colosses de pierre, et les monuments de brique qu'effacent les hachures denses. Voici la Porte de l'Ame, la Tour de la Cloche, la Tour du Tambour, puis les murailles de l'enceinte. Par les rues tortueuses de Nankin et la campagne suburbaine, je rentre à Hsia-Kuan au crépuscule où la chute du jour n'interrompt celle de la pluie que le temps de suspendre aux lambris du ciel le linceul de ténèbres qui déjà dérobe la terre avant de l'ensevelir.

Typhon, typhon, ces rafales, ces tourbillons, ces assauts, ces reprises de la pluie et du vent après de brèves accalmies, pauses musicales

nécessaires à la respiration du monstre. Toute la nuit sa violence
d'élément se déchaîne et ce matin perdure. Une aurore mélodrame
ensanglante un instant l'horizon bientôt redevenu livide. Le déluge
s'accomplit. Ce n'est pas le lent tomber d'une bruine parcimonieuse
mais la cataracte incessante de la nue précipitée, toutes écluses ouvertes, sur la terre. Certes, l'eau ne manquera pas. Déjà le sol gonflé
comme une éponge la refuse. Le fleuve débordé ne peut plus la contenir. Elle envahit la plaine; elle investit la ville par les canaux tumescents,
les bas quartiers qu'elle recouvre. On voit le niveau monter, atteindre
progressivement le toit des paillottes de ce campement de coolies,
transformer ce train vague hier encore émergé en un lac artificiel dont
la surface augmente avec la profondeur aux recrudescences rythmiques
d'une marée pluviale incoercible. Le flot inopiné clapote au pied du
mur de l'hôtel où j'habite, solide arche de pierre bâtie de matériaux
pris aux murailles de Nankin. De ma chambre haute comme une pas-
serelle de navire je l'écoute et je la sens subir l'assant de la tourmente, les arbres du jardin mugir en gémissant sous la véhémence
du vent qui les secoue. Vers le soir le typhon s'apaise : le ciel
s'éclaircit ; s'arrête le déluge. Sur ce rivage nouveau, la rue, digue
étroite bordée de maisons baignant leur pied dans l'onde récente,
accostent les esquifs des inondés qui s'y réfugient. Etrange abri que
cette voie déjà si encombrée et sur laquelle pourtant ils débarquent ce
qu'ils ont sauvé du fléau : humbles objets mobiliers, paquets de hardes
et de literie, ustensiles de ménage, tablettes des ancêtres, accessoires
rituels. Une flottille de sampans déverse une multitude de choses
et d'êtres qui s'ajoutent à ce qui semblait ne plus rien pouvoir accepter.
Ici c'est leur demeure même que ces hommes transportent tout d'une
pièce, cette grande caisse de bois carrée oscillant à la cadence de leur
pas. On discute avec les bateliers le prix du passage ; on patauge jusqu'aux reins dans l'eau bourbeuse ; on rit ; on jacasse ; on plaisante ;
les femmes avec leur nourrisson amarré dans le dos, la tête entre les
épaules qui se balance. A force d'allées et venues, de travail, de
paroles vaines, le chaos s'organise ; si bien qu'à la nuit cette population
flottante se trouve provisoirement fixée, matelas étendus sur les
tréteaux ou gisant à même le pavé, endormie d'un sommeil unanime sous
les étoiles, parmi les chiens vermineux qui cherchent au milieu des
ordures leur maigre pitance d'affamés.

Le théâtre réduit au silence hier par l'ouragan reprend aujourd'hui
son quotidien tapage nocturne. Etrange penchant des Chinois flegma-
tiques pour les discordances brutales des bruits, l'éclat des couleurs,
l'incohérence des lignes. Leur sensibilité torpide ne saurait-elle s'émou-

voir qu'à la violence des stimulants qui, du même coup de masse et de pointes, l'éveillent et la stupéfient ? A peine entré dans la salle, le tourbillon vertigineux me saisit des ondes visuelles et sonores. L'orchestre m'impose une curiosité attentive à l'action qu'il dirige. Périodiquement il y ramène la pensée au moment qu'elle va s'en distraire par ces déchaînements soudains, ces crescendos assourdissants des cymbales et des gongs qui la forcent à s'y maintenir. Je regarde pour ne plus entendre. Mais le supplice se renouvelle sans perdre sa monotonie. Aux commotions acoustiques d'autres instruments substituent les acidités de leurs timbres. Verjus, vitriol, vinaigre, les fifres, les cordes, les hautbois exercent leur pouvoir térébrant sur l'ouïe jusqu'aux limites de la résistance nerveuse. Ou bien ce sont les acteurs d'une voix de tête suraigüe vocalisant à rompre les tympans les plus solides, les plus indéchirables méninges. Musique qui semble s'inspirer de tous les bruits agaçants : cris d'animaux désagréables, miaulements de chats en délire, grincements d'ais mal joints, de poulies qui s'échauffent, faussets, chevrotements, stridulations, elle ne cesse qu'avec le spectacle qu'elle organise et commente. Rien d'important qu'elle ne décide, de péremptoire qu'elle ne souligne. Le roi rendant ses édits, le ministre ses décrets, la princesse qu'un soupçon outrage, l'entrée solennelle des juges, le tribunal en ses assises, l'accusé qui se défend, la sentence du philosophe, la plaisanterie du bouffon, autant de gestes, d'attitudes, de paroles hiérarchisés par le boucan symbolique qui les accompagne. Ce grondement de tout l'orchestre : rumeur d'une armée qui s'avance ; cette explosion : elle se déploie ; ce hourvari, ces huées : la rencontre de l'adversaire, le choc, les phases de la bataille, la victoire ou la panique, le triomphe ou la défaite. Sur la scène quatre guerriers assument le combat. Cuirassés, bardés d'acier comme de lard des volailles somptueuses mises à rôtir, les pieds chaussés d'épais cothurnes, un masque affreux sur le visage, le corps affublé d'oripeaux qui triplent leur volume et voltigent autour d'eux dans leur frénétique gesticulation, cérémonieusement d'abord ils se saluent. Cliquetis grandissant de panoplies, lances, boucliers, sabres, poignards, affrontés, en grand style ils ferraillent, se heurtent, s'évitent, se croisent, se défient, peu à peu perdent la mesure, s'exaltent, courroucés, s'exaspèrent jusqu'à cette folie de mouvement : volte-face, pirouettes, tournoiements, entrechats, aile-de-pigeon, qui semblerait l'outrance la plus désordonnée si elle n'exigeait précisément une maîtrise absolue de la tête et des membres. Déjà vous n'en pouvez plus ; vos yeux se ferment, fatigués de suivre la vélocité vivante, les évolutions prestigieuses. Tintamarre impérieux de l'orchestre ; rappel coercitif des cymbales et des gongs ! Qu'êtes-vous venus faire ici : voir sans regarder ; ouïr sans **entendre** ; spéculer sur la beauté ; vous enivrer stupidement d'un spectacle dont l'intelligence du sage sait tirer, à la barbe des sots, d'exactes et subtiles jouissances ?

Demeurez ; ne partez pas encore ; ne quittez pas des yeux la scène qui vous adjure. Tenez, avec vos regards, vos oreilles attentives. Quoi? Le plafond vous tombe sur la tête ; les murs s'écroulent ; le sol s'effondre ? Non ; simplement l'orchestre vous avertit de la reprise : c'est son rôle. L'armée dans la personne de ses quatre représentants a disparu. Une femme se présente. Fardée, les sourcils peints, les lèvres rouges, les joues enluminées, dans le costume rigide qui l'enchâsse artificielle à l'excès, factice, irréelle, invraisemblable, fait-elle partie du décor au titre d'un meuble, une tenture ? est-elle en vérité vivante? Voici qu'elle marche à petits pas, sourit dans sa laque et sa porcelaine, parle, **chante** d'une voix aigre de castrat dont quelqu'opération chirurgicale aurait encore rétréci le larynx. Est-ce la même créature qu'une crise d'hystérie soudain terrasse et qui tourne sur le dos croisant alternativement les bras et les jambes autour de l'axe d'un corps admirable, souple, élastique, fougueux, savant à suggérer au plus chaste les plus vertigineuses images de la volupté ? Cependant qu'un histrion jette à terre la tablette des Ancêtres, sacrilège exécrable, même au théâtre, enfer et damnation, fin prématurée de la **Chine** dans cette queue de typhon qui balaie l'Empire, des cimes inviolées du Thibet, Toit du Monde, aux rives orientales de l'Asie.

Ce matin mon coolie-pousse régénéré par la tourmente m'accueille avec un sourire dans son véhicule remis à neuf, nettoyé, garni de cotonnade blanche, lui-même le teint fleuri, vêtu d'habits propres au lieu des loques sales effilochées qui lui ceignaient les reins. Un peu d'argent, quelques jours d'une nourriture satisfaisante ont suffi à transformer un être d'aspect misérable en ce beau gars bien découplé qui court devant moi dans le brancard léger dont il tient les barres à la main. Il manifeste une forme splendide, refuse d'aller au pas ou de s'arrêter pour reprendre haleine et mène jusqu'à Nankin, sur un trajet de trois lieues, un train soutenu de bon cheval. Après tout, s'il préfère la célérité juvénile de l'effort à la lenteur mesurée qui le prolonge, libre à lui de se fatiguer plus vite pour se reposer davantage. Il lui faut pourtant ralentir dans les rues étroites, raboteuses, **bourrées** de passants, longées de boutiques débordantes, jusqu'à cette cour de pagode, au cœur de la ville, où nous sommes convenus de nous retrouver.

Un dédale, un labyrinthe d'impasses, de carrefours, de venelles où je déambule comme aux chemins d'une fourmilière ou d'une ruche, entre les cases combles et les rayons remplis de miel. A vrai dire l'odeur qui se dégage de la pétaudière n'est pas précisément celle de l'Hymette. Tous les relents, tous les remugles, toutes les émanations de l'animal humain et de son habitat s'y confondent. Loin de s'atténuer par la dispersion, elle se renforce aux dissonances, se développe, s'amplifie, se répand, si bien qu'elle semble l'atmosphère naturelle de la ville. On l'emporte dans ses vêtements, elle sourd de chaque alvéole, obsédante, indéfinissable, rance, nidoreuse, infecte, fade, fétide à la fois, tour-à-tour, et toujours nauséabonde. Parfums des cités chinoises: Yunnanfou, Canton, Macao, Singapore, Shanghaï, puisqu'il n'est pas possible de vous éviter, soyez donc la rançon des tableaux que vos effluves empuantissent et marchons ! Aussi bien ces gens ne vous sentent pas qui vivent dans la sentine de leurs égouts, de leurs maisons, au fond des boyaux pestilentiels, des culs-de-sac sans air ni lumière où ils respirent entassés. Certes, la voirie pourrait être moins défectueuse. On pourrait démolir les masures, percer des artères nouvelles comme, paraît-il, à Canton. Mais alors c'en est fait de la Chine, car, avec le revers, s'efface l'effigie de la médaille trop vigoureusement frottée.

Mauvaise préparation au repas de midi qu'il me faut pourtant prendre, cette promenade à travers les quartiers les plus denses, les plus sordides de Nankin. Sans enthousiasme je m'achemine vers le restaurant, prenant mon coolie-pousse au passage. En vain j'essaie de manger. Ma volonté tendue à l'extrême ne peut vaincre le dégoût de cette graisse qui suinte de partout, imbibe les moindres parcelles d'aliment, revêt la bonne nourriture, comme une Belle au Bois dormant, d'une couche isolante onctueuse. Plutôt périr d'inanition que d'y toucher ! On me sert du pain grillé, en désespoir de cause. Horreur il a roti dans le saindoux ! Des yeux et du cœur, sincère, mon commensal, puis-je dire bien qu'il ne mange qu'après moi, partagé entre la pitié respectueuse qu'il éprouve de mon jeûne et la joie qu'il anticipe d'en profiter tout à l'heure, m'encourage. Inutile. Je renonce. Avec une capacité que j'admire le bon goinfre engloutit le festin magnifique par le barbare blanc dédaigné.

Dans la pagode, sous l'œil des dieux adipeux et narquois, aux ventres de batraciens repus, ma digestion aujourd'hui sera facile, d'autant que la vieille sorcière astucieuse, mendiante en habits de satin, évite de venir la troubler. Ne suis-je pas bien dans cet asile ? Quel démon me pousse à sortir ? Ces dieux aussi me dégoûtent : ils sont trop gras, trop bêtement réjouis de leur graisse. Qu'ils y mijotent ! Je les renie. Mon confrère m'accueille d'un sourire ; mais sa tanière me répugne. Là non plus je ne puis demeurer. Tout a perdu son prestige ; tout est sale, à l'abandon. Ce beau portique dont le soubancment pourrit dans l'eau croupissante de la dernière pluie qu'un coup de pioche ferait s'écouler, personne ne s'en soucie. Des soldats d'opéra-comique sautent à cloche-pied de pierre en pierre pour traverser le marécage. Péniblement je me traîne, la tête lourde, l'estomac vide, les membres perclus, les genoux douloureux jusqu'à ce grand café chinois où l'on ne vend que du thé. Vite à la galerie de l'étage ! O Thébaïde dans le désert ! Refuge escarpé de l'esprit contre la graisse et l'ordure, contre la matière et les dieux ! Outre ce bienfaisant breuvage, cette herbe salutaire qui me sustente. Le boy m'apporte trois tasses. Dans la plus grosse, chauffée au préalable, pleine du feuillage analeptique, il verse de l'eau bouillante et la couvre ; après quoi il transvase l'infusion rapide dans l'une des petites et remplit d'eau la troisième. Voilà le rythme établi. Toute la journée avec sa bouilloire à la main il passe et repasse entre les tables, versant, transvasant, reversant incessamment aux clients qui se renouvellent. Un autre distribue les serviettes étuvées dont les Asiatiques se rafraîchissent paradoxalement le visage et qui circulent de face en face jamais sans être lavées. Tranquille, absorbé, méditatif ; pan ! Un coup sur le bras d'un torchon humidé et chaud qni sent le graillon ! Ainsi ce serviteur familier vous invite périodiquement à vous éponger la figure. Les premières fois j'obtempère pour ne pas le désobliger ; puis je le dispense de revenir. Mon voisin ne perd pas un tour et de chacun épuise la volupté. Les yeux, le nez, le front, la bouche, les oreilles, les joues, le cou, la poitrine soigneusement essuyés, il insinue la serviette autour des reins sous son pantalon aussi bas qu'il peut atteindre. Celui à qui elle écherra plus tard connaîtra l'odeur de sa peau, le fumet de ses sécrétions, s'il a tant soit peu de flair.

Indéfiniment je bois sans jamais tarir la source de cette amertume tonique et légère. En Chine on ne fait pas au thé l'injure d'y mettre du sucre. Il est vrai que ce qu'on y déguste n'a rien de commun avec la tisane de parfumerie anglaise haute en couleur si fâcheusement répandue par les five-o-clock de l'Exposition de 1900. Subtil nectar ! Ambroisie délectable. Fort opportunément me revient une réminiscence d'un récit de voyage. Les Indiens du Pérou mangent en guise d'aliment les feuilles dont ils ont bu l'infusion réconfortante et qui contiennent d'ailleurs une albumine assimilable. Ils peuvent marcher plusieurs jours à travers les solitudes d'Amérique sans autre nourriture. Dans mon Gobi surpeuplé je les imite et mâche consciencieusement le végétal revêche. Le temps s'écoule. L'après-midi se comble comme un typhon. La salle peu à peu se remplit. Une alacrité merveilleuse maintenant me possède. Oubliées la faim, la fatigue, le dégoût, l'ennui, la tristesse des choses ! Avec le soir qui tombe l'enchantement recommence. Tout recouvre son prestige. Du haut de la galerie qui domine la rue j'assiste à la renaissance de la vie dans l'agonie de la lumière. Elle m'attire. Je descends la regarder de plus près. J'écoute sans le comprendre ce conteur d'histoires grisonnant mais verveux qui palabre sur nne place exigüe au parvis de la pagode devant un auditoire attentif de coolies de badauds, la bouche grande ouverte pour mieux entendre. Le bonhomme gesticule et pérore, conjure, menace, objurgue, plaisante, faisant tour à tour éclater le rire ou planer l'indignation et la juste vengeance sur le parterre de têtes qui l'entourent. Donneur d'illusion collective, pour une sapèque, le rapsode abondant dispense à son public les plus illustres destins, les sorts les plus merveilleux. Comment douter des aventures qu'il débite ! S'il ne disait vrai, il ne parlerait pas si bien. A quelques pas, en plein air, une table immense rassemble des joueurs penchés sur le dessin, gravé dans le bois, des lignes où ils poussent leurs jetons. Ailleurs, près de l'échoppe mal achalandée du vieux mire, une jolie petite chinoise à la mine éveillée se sauve d'abord quand je lui souris ; mais, vite apprivoisée, elle va chercher son père ou son aïeul qui daigne me considérer avec bienveillance. Enfant, enfant d'Asie, déjà, selon la Nature et l'espèce, coquette et curieuse, mutine, craintive, désireuse de plaire, déjà femme, déjà un peu Eve.

Je n'irai pas au restaurant. Que mon coolie s'empiffre tout seul ! L'idée de la graisse ruisselant partout me soulève le cœur. Je cherche en vain des biscuits, du pain, du riz, du chocolat. Il ne faut ruminer encore de lointains repas périmés. La faim vraiment me tenaille. Une tranche de gigot dans mon inanition m'apparaît nimbée d'une auréole au centre d'un ostensoir. Heureusement il y a le thé. L'infaillible breuvage renouvelle ses prodiges. Toutefois je ne mâche plus les feuilles, saturé vraiment d'amertume. Si l'on me donnait du sucre, je crois que je l'accepterais : c'est un aliment d'énergie. Les consommateurs affluent. Un orchestre de femmes dirigé par un aveugle prélude par quelques accords à l'essai de ses intruments puis répand sa bizarre harmonie. Tout le monde jacasse et grignotte, à la façon des perroquets, des graines de citrouille dont les débris sur le plancher s'accumulent. Les torchons chauds défilent. L'odeur devient écœurante. Le brouhaha s'accentue. Fuyons ! fuyons ! Sur le pont où je fis l'autre soir une si providentielle rencontre, tantôt marchant parmi la cohue, tantôt accoudé à la balustrade, le spectacle me captive encore du canal qui s'anime et s'éclaire de reflets ; mais avec l'arrière-pensée de la pourriture qu'il supposre. Voilà donc ce qui fut si beau ! Et je ne trouve à partager ce soir avec moi la magie qui pouvait renaître qu'un jeune Chinois à lunettes d'or qui baragouine de l'anglais.

J'arrête aujourd'hui mon véhicule à mi-chemin pour aller à pied visiter cette pagode en haut d'une colline. Un sentier d'ombre lumineuse y conduit sous les bosquets parfumés laissant voir par intervalles, à travers le réseau des branches, le panorama grandissant avec l'altitude. Le jeu ne dure que le temps d'une ascension brève. Le sommet vite atteint n'a plus rien à révéler. Franchi le seuil d'une porte basse, on pénètre dans une cour pavée qu'ornent des jardinets minutieux. De part et d'autre les logements des bonzes. Au fond le sanctuaire et sa tour, ancien observatoire astronomique désaffecté. La religion prenant la place de la science, quel beau thème, moins paradoxal qu'il ne semble, pour la méditation du sage ! Par un escalier vétuste, aux marches branlantes, je monte. Le vieux chenu qui m'accompagne m'avertit de ne pas trébucher. De rares meurtrières projettent à l'intérieur un clair-obscur parcimonieux et ménagent au-dehors des vues restreintes et progressives du tableau. Au faîte c'est un éblouissement Dans le périmètre qu'elle décrit, la surface totale de l'enceinte dont la ville n'occupe qu'une partie avec, débordant les murs tout autour, une large zone de territoire : montagnes, plaines, vallées, Hsia-Kuan, Pukau, de chaque côté du fleuve et, dans un retranchement, ce qui reste de Nankin. On dirait une tortue gigantesque que sa masse immobilise, cet assemblage de toits gris imbriqués dans la distance. A peine quelques points percent la carapace cendreuse. Là-bas, au pied des monts qui le surplombent, le Tombeau des Ming n'est plus qu'une humble protubérance. Double nivellation de l'Etendue et de la Mort. J'embrasse ici du regard un horizon circulaire que peut-être de ma vie je ne verrai plus. Et l'effort pour m'en arracher me déchire comme si j'y tenais par quels liens mystérieux que je ne connaîtrai jamais.

Dernière promenade à Nankin, dernières heures à Hsia-Kuan ; derniers traits, dernières images noyées dans le déluge d'un typhon. Il pleut, il pleut, bergère, à présager la fin du monde. Une trêve heureuse me permet d'entrevoir encore et d'entendre dans l'accalmie des éléments ces bruits, ces aspects originels de la vie des premières cités humaines. Oui, c'est ainsi que devaient se presser autrefois par les rues étroites et denses les peuples rassemblés dans la ceinture de pierre qui les étreignait. C'était le même flot intarissable de piétons, le même torrent de porteurs, le même effort contenu, le même irrépressible gémissement. Des cris, des appels le traversent, le rehaussent, le colorent, le nuancent : sonnailles des marchands d'eau, de pacotille, de comestibles, gongs des vendeurs d'orviétan, cuisines ambulantes, cliquettes, claquettes et clochettes des aveugles, des mendiants, des jongleurs, de tous ceux qui ont besoin d'attirer sur leur commerce, leur industrie, leur misère l'attention distraite des passants. Kaléiodoscope à la fois visuel et sonore dont les sens hyperesthésiés ne peuvent saisir que les formes fugitives au passage, perdant déjà au moment qu'ils l'inscrivent et le reçoivent la mémoire et le détail du spectacle insolite qui les a frappés.

La pluie formidable recommence. Il est temps de quitter la terre qui va sans doute disparaître et de rejoindre l'Arche, à Pukau, au pied du Mont Ararat, le *Caucase*. Mon coolie-pousse, que je n'ai pas instruit de mon départ définitif à l'avance pour ne pas lui faire de peine, il me faut bien cette fois lui dire adieu. Le pauvre diable est navré. L'argent qui me reste et que je lui donne, j'en lis dans ses regards l'assurance, ne le console pas. Son regret dépasse en l'absorbant le deuil des vastes nourritures dont ma présence était le gage. Ne m'a-t-il pas prodigué la force cordiale et joyeuse de ses jambes ? Et pourquoi refuserais-je à un homme, fût-ce en Chine, quelque chose de ces sentiments qu'on accorde partout si généreusement à un chien !

Du ferry qui me fera traverser le fleuve sans retour j'assiste â la suprême invasion des remembrances et des images. Elles déferlent avec le flot ; elles m'assaillent au moment du départ. Pareilles à ces bagages d'un mandarin qu'un peuple de domestiques débarquent sur le ponton qu'ils submergent, elles se précipitent sur mon âme impuissante à les contenir. Il y a de tout dans ce fatras : literie, hardes, objets disparates, beaux et lourds coffres de voyage, meubles, accessoires, vannerie légère et l'attirail d'un palanquin. Sur la berge un petit âne à l'abandon sous la pluie battante tire désespérement sur sa longe devant l'envahissement des eaux. Des gens affairés sauvent de l'inondation des gerbes de ces roseaux qui servent à mille usages depuis la construction des maisons jusqu'à l'entretien du foyer. Au lieu d'en prendre plusieurs à la fois ils multiplient le travail par le nombre des charges impondérables. Quelle ignorance, Taylor, de ton système ! Heureusement la main-d'œuvre ici surabonde. Est-ce le rivage qui s'éloigne ou le ferry qui démarre ? La terre semble s'abîmer à jamais. De toute la puissance des machines nous remontons le courant vers la rive de Pukau plus devinée qu'aperçue derrière l'écran de la pluie qui redouble comme si elle allait vraiment noyer le monde.

De l'appontement du ferry à celui du *Caucase* une nouvelle recrudescence m'oblige à me réfugier à mi-chemin sous un hangar encombré de débardeurs. D'abord ils me considèrent curieusement sans mot dire. Puis, ma présence se prolongeant, un loustic revenu de France profère à mon adresse d'injurieuses plaisanteries mêlées à des griefs vagues. Sans doute, se plaint-il d'avoir été trop bien nourri, traité, payé durant son séjour. Un instant je feins de ne pas l'entendre. Il continue. Excédé, je regarde le fanfaron avec une fixité qui le décontenance. Il se tait, il s'éloigne devant les rires de ses camarades. J'ai sauvé la face ; il l'a perdue : la meilleure et la pire des choses en Asie.

Sur le fleuve tumultueux nous partons ce matin dans la pluie et le vent d'un nouveau typhon. La terre et le ciel liquéfiés se confondent. Un voile uniformèmant gris revêt la diversité défunte d'une teinte neutre où seule persiste, non moins monotone, l'ocre boueux du Yang-Tsé. Parfois dans une éclaircie le paysage apparaît, la campagne fraîche et lavée aux tons rajeunis de verdure. Quelques rares jonques courent le risque de la tempête. Le long des berges, des paysans chargés d'épaves fuient l'inondation grandissante. Personnages d'idylle à l'aller, de drame au retour, demain la faim leur sonnera dans les entrailles et la tête le hallali des ventres creux. Pour quelle curée sauvage, quelle animale résignation ? Rien d'une Chine de paravent, soie, éventail, porcelaine dans ce tabeau de violence où les forces naturelles déchaînées déploient sans fin leur fureur d'élément. Et l'ironie dépasse la mesure, elle-même ridicule à son tour, de cette réminiscence du motif sautillant qui me revient dans l'orchestre des clameurs, des rafales, des soupirs et des plaintes portant jusqu'à la mer la voix torrentueuse du grand Fleuve.